MINISTÈRE DE L'INTÉRIEUR

(*Extrait de la* REVUE GÉNÉRALE D'ADMINISTRATION)

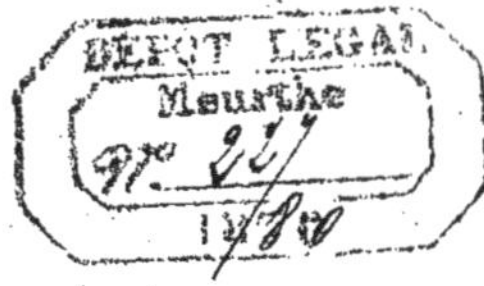

LA LÉGISLATION
SUR LE
DROIT DE RÉUNION
EN FRANCE

PAR

M. LOUIS PUIBARAUD

DOCTEUR EN DROIT
SOUS-CHEF AU MINISTÈRE DE L'INTÉRIEUR

PARIS
BERGER-LEVRAULT ET Cie, LIBRAIRES-ÉDITEURS
5, RUE DES BEAUX-ARTS, 5
MÊME MAISON A NANCY

1880

LA LÉGISLATION

SUR LE

DROIT DE RÉUNION

EN FRANCE

PAR

M. Louis PUIBARAUD

DOCTEUR EN DROIT
SOUS-CHEF AU MINISTÈRE DE L'INTÉRIEUR

(Extrait de la Revue générale d'administration.)

PARIS
BERGER-LEVRAULT ET Cie, LIBRAIRES-ÉDITEURS
5, RUE DES BEAUX-ARTS, 5
MÊME MAISON A NANCY

1880

LA

LÉGISLATION SUR LE DROIT DE RÉUNION

EN FRANCE

Cette étude est un simple travail de statistique historique et législative : ce n'est point une œuvre de critique, qui serait sans autorité et qui excéderait d'ailleurs nos forces. Nous désirerions uniquement faire passer sous les yeux du lecteur la succession des dispositions législatives qui ont régi le droit de réunion dans notre pays. La matière n'est point, comme on sait, épuisée, puisqu'un projet de loi, récemment adopté par la Chambre des députés, reste à soumettre aux délibérations et au vote du Sénat.

Nous avons d'ailleurs emprunté la plus grande partie des éléments de notre travail au rapport rédigé par M. Alfred Naquet, député, au nom de la commission parlementaire chargée d'examiner les propositions de loi déposées par MM. Louis Legrand, Naquet et Louis Blanc. Ce rapport, qui figure comme annexe au procès-verbal de la séance du 15 juillet 1879, est une œuvre considérable par son étendue et par la variété des documents qu'il renferme. C'est une analyse de ce rapport que nous donnons ici.

Peu de législations ont traversé autant de phases que celle sur le droit de réunion. Chaque période de notre histoire contemporaine lui a imprimé sa marque. Elle pourrait être considérée comme une sorte de miroir de l'état social. En 1789 et pendant les années qui suivent jusqu'au 9 thermidor, elle se compose de quelques principes généraux, sans dispositions réglementaires. Plus tard, pendant la période qui suit le 9 thermidor jusqu'au 18 brumaire, le droit de réunion est enserré dans des limites plus étroites. On en avait vu de près les abus et on s'appliquait a y porter remède par des moyens détournés. Le 18 Brumaire inaugure une période de compression que le premier Empire continue. Après Waterloo, on professe des théories libérales, mais ni la Restauration ni la monarchie de Juillet ne les appliquent. La République de 1848, dans un élan de générosité, donne un champ illimité au droit de réunion et va jusqu'à autoriser, même jusqu'à favoriser les réunions périodiques, les clubs. C'était aller trop loin. Le second Empire reprend les traditions du premier et apporte au droit de réunion des restrictions telles qu'il l'anéantit en fait. Cédant plus tard au mouvement libéral qui le pousse, il fait des concessions qui aboutissent à la loi de 1868.

Le gouvernement républicain, entrant largement dans la voie du progrès, a présenté aux Chambres une loi qui, en accordant aux citoyens les plus grandes facilités pour se réunir et discuter leurs intérêts, les préserve contre leurs propres entraînements en prohibant les clubs ou autres assemblées périodiques.

Telle est, esquissée à grands traits, la marche suivie par cette législation, qui reflète à toutes les époques l'état des esprits et les intimes préoccupations des gouvernements.

I.

Sans remonter aux âges les plus reculés, on peut affirmer que dans les cités antiques, les réunions publiques furent les premières manifestations de la vie sociale. A Athènes, des assemblées populaires se tenaient sur l'Agora quatre fois par mois, à huit jours d'intervalle. Certains historiens prétendent que, pour attirer les citoyens à ces réunions, onéreuses pour le pauvre qui ne pouvait faire l'abandon de son temps, ceux qui y assistaient recevaient trois oboles (environ 45 centimes de notre monnaie).

A Rome, c'est au *Forum* que se prenaient les résolutions populaires; c'est là que, devant des foules tourmentées et ardentes, les grands orateurs prononçaient leurs discours à la veille d'une guerre ou d'un grand événement politique; c'est là que les élections avaient lieu sous la parole enflammée des Gracques ou la mordante ironie du vieux Caton. Comme le dit M. Deschanel, la foule recueillait en même temps sur la place publique un enseignement littéraire et un enseignement politique.

Passons rapidement sur ces époques lointaines qui ont fait d'ailleurs l'objet d'études nombreuses, brillantes et profondes. Il serait dangereux de vouloir établir un rapprochement entre les civilisations anciennes et notre état social actuel. Rome, à son origine, comptait peu d'habitants et pendant plusieurs siècles l'aristocratie patricienne y fut prépondérante, grâce au système de votation par curie et par centurie. Plus tard, malgré sa population considérable, la capitale du monde romain ne comptait qu'un nombre restreint de *cives*; elle était encombrée d'esclaves, dépourvus de droits politiques, et d'étrangers (*peregrini*) qui ne jouissaient que d'une partie des priviléges civils.

Au moyen âge, sous le régime féodal, la législation est muette sur le droit de réunion. Les corporations s'assemblaient pour discuter leurs intérêts professionnels dans des locaux particuliers à chacune d'elles.

Pendant les trois années que dura la Révolution parisienne dont Étienne Marcel fut l'âme (1355-1358), les réunions publiques furent incessantes. Le peuple se rassemblait soit devant la maison aux Piliers (l'Hôtel de Ville d'alors), soit aux Halles, soit au Pré-aux-Clercs. C'est devant la foule que le prévôt des marchands Étienne Marcel et son échevin Charles Toussac rendaient compte de leur gestion, que Charles le Mauvais expliquait ses différends avec la Cour. Le peuple était pris ainsi comme juge et comme arbitre.

Les premières dispositions législatives en matière de réunion datent de la fin du xve siècle. Des ordonnances se succédèrent depuis cette époque jusqu'au commencement du xviiie siècle. Les plus remarquables sont celles des 25 novembre 1483, juin 1559, 10 septembre 1567, 27 mai 1610, 14 mai et 18 juillet 1724. Mais elles s'appliquaient uniquement à des espèces, se bornant à prohiber sur tel ou tel point du territoire les assemblées paraissant animées d'intentions séditieuses et de nature à troubler l'ordre public. La jurisprudence ne cessa pas de consacrer comme droit commun que « toute assemblée qui ne se fai« sait pas dans le dessein de porter aucun trouble, ne devait pas être « punie ».

Néanmoins cette liberté de fait était considérée par les jurisconsultes non comme dérivant du droit positif, mais de la tolérance de l'autorité. C'est ce qui ressort de ce passage de Pothier : « *Les assemblées « illicites* appartiennent aussi au crime de lèse-majesté, car, nul corps

« ne pouvant se former, *nulle assemblée ne pouvant se tenir sans l'au-* « *torité du souverain,* c'est un attentat à cette autorité et une usurpa- « tion des droits du souverain *que de tenir des assemblées sans son* « *autorité, sous quelque prétexte que ce soit.* »

La jurisprudence ne tarda pas à s'inspirer de cette considération et à restreindre de plus en plus l'exercice du droit de réunion. Un arrêt du Parlement de Paris, en date du 7 septembre 1778, rendant exécutoire une sentence de police de la ville de Lyon, du 1er août précédent, « fit défenses à toutes personnes, de quelque qualité et condition qu'elles « fussent, de s'assembler ou s'attrouper dans la ville, faubourgs ou « banlieue, sans y être autorisées....; défendait particulièrement à tous « ouvriers de former, avoir, ni entretenir aucune association... sous « prétexte de se connaître, de se placer, de s'aider, etc., etc. »

La Révolution proclama le droit de réunion; mais, malgré la différence qui existe entre les réunions passagères et temporaires et les associations qui supposent une permanence, un concert en vue d'atteindre un but déterminé, la loi est demeurée longtemps sans faire cette distinction naturelle. Il en résulte que lorsqu'on étudie cette période de notre histoire, il n'est pas toujours facile de distinguer, au point de vue légal, les réunions des associations [1].

Dès 1789, des clubs se formèrent et un décret du 14 décembre 1789, proclama, dans son article 62, « *le droit pour les citoyens de s'assem-* « *bler paisiblement et sans armes pour rédiger des adresses et péti-* « *tions, à la seule condition d'une déclaration préalable.* »

Le décret des 19-20 septembre 1790 vint interdire les correspondances entre les clubs, les associations, les corporations d'une part et les corps d'armée d'autre part.

Un décret du 18-22 mai 1791 enleva aux sociétés populaires le droit de faire des pétitions collectives et d'afficher leurs délibérations, et le décret du 19-22 juillet 1791 soumit l'organisation des sociétés à l'obligation d'une déclaration préalable au greffe de la municipalité, sous peine d'une amende qui, en cas de récidive, pouvait s'élever jusqu'à 500 francs. Cette déclaration devait indiquer les lieux et les jours de réunion. Les poursuites devaient être exercées contre les présidents, secrétaires ou commissaires des clubs qui ne se seraient point soumis à la loi.

1. Rapport de M. Naquet.

Mais ces mesures restrictives furent dominées par le principe général posé dans la Constitution des 3-14 septembre 1791, qui garantit : « La « liberté aux citoyens de s'assembler paisiblement et sans armes *en sa-* « *tisfaisant aux lois de police.* »

Les lois de police dont il est ici question sont le décret du 14 décembre 1789 (art. 62), qui consacre le principe *de la déclaration préalable*, et les lois des 16-24 août 1790 et des 16-22 juillet 1791.

La loi des 16-24 août 1790, dans son titre XI, article 3, porte :

« 1° Les objets de police confiés à la vigilance et à l'autorité des « corps municipaux sont....;

2° Le soin de réprimer et punir les délits contre la tranquillité pu- « blique, tels que... *le tumulte excité dans les lieux d'assemblée* « *publique*...;

« 3° Le maintien du bon ordre *dans les endroits où il se fait de* « *grands rassemblements d'hommes*, tels que les foires, marchés, ré- « jouissances et cérémonies publiques, spectacles, cafés, églises et « *autres lieux publics.* »

La loi des 16-22 juillet 1791, dans son article 46, dispose que la police municipale « a pour objet le maintien habituel *de l'ordre et de la* « *tranquillité de chaque lieu* ».

La Convention proclama le droit de réunion et d'association par le décret du 13 juin 1793 et par l'acte constitutionnel du 24 juin 1793, dont l'article 7 est ainsi conçu : « Le droit de manifester sa pensée et « ses opinions, soit par la voie de la presse, soit de toute autre manière, « le *droit de s'assembler paisiblement*, le libre exercice des cultes, « *ne peuvent être interdits.* »

La Convention alla plus loin : un décret du 25 juillet 1793 prononça des peines sévères contre ceux qui empêcheraient les sociétés populaires de se réunir ou tenteraient de les dissoudre : cinq ans de fer pour les particuliers, 10 ans pour les fonctionnaires publics.

Le 9 Thermidor fut le point de départ d'une ère nouvelle et les dispositions législatives en matière de droit de réunion furent empreintes d'un tout autre esprit. La Constitution du 5 fructidor an III (22 août 1795) renferme les dispositions suivantes :

« Art. 360. — Il ne peut être formé de corporations ni d'associations « contraires à l'ordre public.

« Art. 361. — Aucune assemblée de citoyens ne peut se qualifier « société populaire.

« Art. 362. — Aucune société particulière, s'occupant de questions « politiques, ne peut correspondre avec aucune autre, ni s'affilier à « elle, ni tenir des séances publiques composées de sociétaires et d'as- « sistants distingués les uns des autres (c'était là un commencement de « distinction entre les droits de réunion et d'association), ni imposer « des conditions d'admission et d'éligibilité, ni s'arroger des droits « d'exclusion, ni faire porter à ses membres aucun signe extérieur de « leur association. »

Le 6 fructidor an III, un décret prohiba les assemblées connues sous le nom de clubs ou de sociétés populaires et un décret du 7 thermidor an V étendit la même prohibition à toute réunion même accidentelle s'occupant de questions politiques. Ce décret déclara ceux qui en feraient partie passibles des peines portées contre le délit d'attroupement, et les propriétaires des locaux où les réunions auraient eu lieu, passibles d'une amende de 1,000 liv. et de trois mois d'emprisonnement.

En l'an VII, la législation des réunions publiques et des sociétés populaires donna lieu, devant le Conseil des Cinq-Cents, à une longue et intéressante discussion. L'opinion de Renault (de l'Orne) sur les sociétés populaires s'occupant de questions politiques et le discours de Chollet (de la Gironde) sur le mode d'organisation des sociétés particulières s'occupant également de questions politiques, montrent quel esprit animait alors les pouvoirs publics.

« Je ne serai point — disait Renault (de l'Orne) dans la séance du « 2 fructidor an VII — de ceux qui pensent que vous avez le droit de « défendre les réunions politiques. Dans une démocratie représentative, « où chaque citoyen est, pour ainsi dire, propriétaire de chose publi- « que, il est naturel qu'on s'en occupe et qu'on en parle comme de ses « propres affaires.

« Le droit de s'assembler pour s'occuper de questions politiques est « un des premiers droits de l'homme en société, un de ces droits tou- « jours retenus, qu'aucune constitution ne donne et qu'aucune ne peut « enlever..... »

Mais Renault ajoute qu'on a le devoir de prévenir par une loi les dangers des réunions politiques et il propose de réputer contraires à l'ordre public :

« 1° Les sociétés qui correspondent à d'autres sociétés ou y sont « affiliées ;

« 2° Celles qui tiennent des séances publiques composées de socié-
« taires et d'assistants distingués les uns des autres ;

« 3° Celles qui imposent des conditions d'admission et d'éligibilité ;

« 4° Celles qui font porter à leurs membres un signe extérieur de « leur association ;

« 5° Celles qui adoptent des formes délibérantes ;

« 6° Celles qui arrêtent des pétitions ou des adresses ;

« 7° Celles qui prolongent leurs séances au delà du 10 heures du « soir. »

Chollet (de la Gironde) établit dans son discours la distinction entre les réunions et les associations. Il demande aux députés de « ne voir « dans les réunions des citoyens composant les sociétés politiques qu'un « rassemblement d'individus, et non un corps ou une corporation exis- « tant indépendamment de cette réunion ». Puis, dans le style pompeux et déclamatoire du temps, Chollet constate, en même temps que la légitimité du droit de réunion, la nécessité de prendre des mesures de sûreté contre ses abus :

« Je n'aurai pas besoin de remonter jusqu'à l'origine de la civilisa- « tion pour prouver que la sociabilité est de l'essence de l'espèce hu- « maine, et qu'ainsi ôter aux citoyens le droit de se réunir pour con- « verser ensemble sur ce qu'ils peuvent avoir de plus cher, le bien de « leur patrie et les moyens de la rendre heureuse et florissante, serait « une violation des premiers principes du droit naturel, un attentat « contre la société entière, une dégradation du titre et du caractère de « citoyen.

« Mais comme, dans un État constitué, chacun des membres de la « société se départ nécessairement d'une partie de ses droits naturels « pour se soumettre aux lois de police qu'exige la sûreté de tous, il « n'est pas douteux que l'exercice de celui qu'ont les citoyens de former « des réunions particulières, ne puisse être modifié par la loi et assu- « jetti à ses règles qui garantissent la grande société, composée de « l'universalité des citoyens, de la trop grande influence que ces so- « ciétés particulières pourraient prendre sur elle, et des troubles qu'elles « pourraient occasionner. »

Le 18 Brumaire interrompit brusquement ces discussions.

II.

Le premier Empire se préoccupa médiocrement du droit des citoyens de se réunir et de se concerter entre eux, soit sur leurs affaires privées, soit sur les affaires publiques. Jusqu'en 1810 aucune disposition législative n'intervint sur ce sujet. En 1810, le Code pénal fut promulgué. Il posa dans l'article 291 une règle qui est encore aujourd'hui la règle fondamentale *en matière d'association*.

Cet article est ainsi conçu :

« Art. 291. — *Nulle association* de plus de 20 personnes, dont « le but est de se réunir tous les jours ou à certains jours marqués « pour s'occuper d'objets religieux, littéraires, politiques ou autres, ne « pourra se former *qu'avec l'agrément du Gouvernement et sous les* « *conditions qu'il plaira à l'autorité publique d'imposer à la société*. « Dans le nombre des personnes indiqué par le présent article, ne sont « pas comprises celles domiciliées dans la maison où l'association se « réunit. »

Les articles 292, 293 et 294 portent des pénalités contre les chefs, directeurs ou administrateurs des sociétés qui se sont formées sans autorisation, et contre les personnes qui ont mis leurs locaux à la disposition de ces associations.

La Restauration vécut sur la législation impériale et se borna, par l'ordonnance des 5-8 juillet 1820, à l'appliquer aux sociétés dites d'étudiants, auxquels il fut interdit de former entre eux des associations sans autorisation préalable.

Après la Révolution de juillet 1830, plusieurs associations politiques se constituèrent sans demander l'autorisation du Gouvernement, notamment la *Société des Droits de l'homme*. Le Gouvernement les fit dissoudre par application des dispositions du Code pénal ; mais elles trouvèrent moyen d'éluder la loi en se fractionnant en groupes dont chacun comptait moins de 20 membres et qui étaient reliés entre eux.

C'est pour déjouer cette combinaison que le Gouvernement déposa, le 25 février 1834, le projet qui devait devenir la loi du 10 avril 1834, et qui permettait de frapper les associations de plus de 20 membres, encore bien qu'elles fussent fractionnées en groupes de moins de 20.

Ce fut M. Guizot qui fut chargé de soutenir le projet du Gouvernement devant les Chambres. L'opposition, très-hostile à la loi, se fit une arme contre le ministre, d'une déclaration faite par lui quelques jours après la Révolution et insérée au *Moniteur* du 25 septembre 1830.

Voici, en effet, ce que M. Guizot disait à cette époque :

« Je me hâte de le dire *et du fond de ma pensée*, cet article 291 du « Code pénal est mauvais ; il ne doit pas figurer éternellement, long- « temps si vous voulez, dans la législation d'un peuple libre. Les ci- « toyens ont le droit de se réunir pour causer entre eux des affaires « publiques ; il est bon qu'ils le fassent, jamais je n'essaierai d'atté- « nuer les sentiments généreux qui poussent les citoyens à se réunir « et à se communiquer leurs sympathiques opinions ! »

On comprend qu'après une déclaration aussi formelle, M. Guizot ait été l'objet d'attaques violentes de la part de l'opposition. Les dispositions restrictives du projet de 1834 répondaient mal à l'opinion exprimée par son défenseur quatre années auparavant.

M. Guizot n'était point homme à se déconcerter devant une contradiction. Il répondit dans la séance du 13 mars 1834 :

« J'ai dit que l'article 291 du Code pénal ne figurerait pas éternelle- « ment dans les lois d'un peuple libre ; pourquoi ne le dirais-je pas « aujourd'hui ? Il viendra, je l'espère, un jour où la France pourra « voir l'abolition de cet article comme un nouveau développement « de liberté. Mais jusque-là, il est de la prudence des Chambres et de « tous les grands pouvoirs publics de maintenir cet article ; il faut « même le modifier selon le besoin du temps pour qu'il soit efficace « contre les associations dangereuses d'aujourd'hui ! »

Ces considérations l'emportèrent. Après une discussion qui dura treize jours (du 11 au 24 mars 1834) et qui fut des plus vives, la Chambre des députés adopta le projet du Gouvernement à la majorité de 246 voix contre 154. A la Chambre des pairs, il fut adopté, le 9 avril, après une seule séance de discussion, par 127 voix contre 22.

L'article principal de la loi du 10 avril 1834 est l'article 1er. Il est ainsi conçu :

« Art 1er. — Les dispositions de l'article 291 du Code pénal sont « applicables aux associations de plus de 20 personnes, *alors même « que ces associations seraient partagées en sections d'un nombre « moindre*, et qu'elles ne se réuniraient pas tous les jours ou à des « jours marqués.

« L'autorisation du Gouvernement est toujours révocable. »

Les articles 2 et 3 contiennent des pénalités contre les personnes qui sont convaincues d'avoir fait partie d'une association non autorisée et contre leurs complices, les prêteurs ou bailleurs de locaux.

L'article 4 défère à la Cour d'assises les délits politiques commis par les associations, mais il maintient sous la compétence des tribunaux correctionnels les infractions à la présente loi et à l'article 291 du Code pénal.

Nous allons entrer maintenant dans une partie très-importante de la matière : la distinction entre le droit de se réunir et le droit de s'associer. L'article 291 du Code pénal *ne s'applique qu'aux associations.* Il laisse absolument de côté les réunions. La loi du 10 avril 1834 ne concerne non plus *que les associations.* Il n'est pas un seul instant fait allusion dans son texte au droit de réunion.

Toutefois — et c'est là une remarque essentielle pour l'intelligence de ce qui va suivre — c'est au cours de la discussion de la loi du 10 avril 1834 que l'on voit apparaître pour la première fois d'une manière précise la distinction entre le droit de se réunir et le droit de s'associer.

« Jamais on n'a confondu, dit M. Hervé, *le droit de se réunir* avec « *la faculté de s'associer :* se réunir, c'est vouloir s'éclairer et penser « ensemble ; s'associer, c'est vouloir se concerter, se compter et agir. « La différence est immense, le pays et les tribunaux ne sauraient s'y « tromper. »

Un amendement tendant à affirmer *que les réunions ne rentrent pas dans les prohibitions qui frappent les associations* avait été présenté. Il fut retiré sur les observations suivantes du rapporteur :

« Les réunions et les associations ne doivent pas être confondues.... « Les réunions ont pour cause des événements imprévus, instantanés, « temporaires ; le motif venant à cesser, la réunion cesse avec lui. Les « associations, au contraire, ont un but déterminé et permanent ; un « lien unit entre eux les associés. Le plus souvent une cotisation vient « pourvoir aux moyens d'exécution ; des conventions, soit verbales, « soitécrites, leur donne un caractère de permanence qui les fait faci- « lement discerner.... Jusqu'à présent personne n'a pensé que les réu- « nions eussent été atteintes par l'article 291 du Code pénal. Ne crai- « gnez pas qu'elles le soient davantage par la loi que nous discutons. »

Un amendement tendant à la liberté des réunions électorales fut abandonné par les mêmes motifs, et parce que si l'on déclarait libres certaines réunions ayant un but déterminé, on semblait impliquer par là que les autres ne le sont pas. Enfin, le principe de la liberté des simples réunions ayant été affirmé par le garde des sceaux, M. Odilon Barrot prenait acte de cette déclaration tout en regrettant que cette liberté ne figurât pas expressément dans la loi.

A la Chambre des pairs, le rapporteur, M. Girod (de l'Ain), appuyant sur la même idée, disait : « Si cette déclaration surabondante n'est pas « la loi même, elle en forme du moins le commentaire officiel et insé« parable. C'est sous sa foi que l'article a été adopté par l'autre Cham« bre, qu'il pourra l'être par vous, et il n'est pas à craindre qu'un « tribunal en France refuse de l'entendre ainsi. » M. Rœderer se prononçait dans le même sens. (*Moniteur* du 9 avril 1834.)

Aussi le 16 août 1834, la Cour de cassation décidait-elle qu'il n'appartient pas à l'autorité municipale de soumettre de simples réunions de plus de 20 personnes à l'autorisation préalable et que conséquemment un arrêté de police contenant une semblable disposition n'est point obligatoire. Cet arrêt contenait en outre une distinction entre les réunions publiques et les réunions privées. Ces dernières sont celles qui ont lieu au domicile de la personne qui provoque la réunion.

Cette distinction a aujourd'hui force de loi, bien qu'elle soit simplement déduite du principe général de l'inviolabilité du domicile et qu'elle ne soit inscrite dans aucun texte particulier, à moins que l'on ne considère comme un texte affirmant la liberté absolue des réunions privées, le décret du 25 mars 1852 abrogatif de celui du 28 juillet 1848 qui dérogeait à ce principe.

Après cette discussion, il semblait que le droit de réunion fût entièrement libre. Le Gouvernement y apporta cependant une restriction. Tout en reconnaissant que cette liberté était consacrée en principe par les lois des 13-19 novembre 1790 et par la Constitution de 1791, il la limita en fait par l'application de ce correctif : « à la charge d'observer les lois », suivant le texte du décret du 19 novembre 1790, et par ces mots : « en satisfaisant aux lois de police », renfermés dans le paragraphe de la Constitution de 1791 qui reconnaît aux citoyens la faculté de se réunir.

Ces lois de police dont il est question sont l'article 3 du titre XI de la loi des 16-24 août 1790, l'article 46 de la loi des 16-22 juillet 1791, cités déjà, ainsi que l'arrêté consulaire du 12 messidor an VIII et la loi du 18 juillet 1837.

L'arrêté consulaire du 12 messidor an VIII donne au préfet de police à Paris, le droit de prendre les mesures propres à prévenir ou à dissiper « les réunions tumultueuses ou menaçant la tranquillité publique ».

La loi du 18 juillet 1837 renferme les dispositions suivantes :

« Art. 9. — Le maire est chargé, sous l'autorité de l'administration « supérieure :...

« 3° De l'exécution des mesures de sûreté générale.

« Art. 10. — Le maire est chargé, sous la surveillance de l'adminis- « tration supérieure :

« 1° De la police municipale....

« Art. 11. — Le maire prend des arrêtés à l'effet :

« 1° D'ordonner les mesures locales sur les objets confiés par les lois « à sa vigilance et à son autorité. ».

La législation du droit de réunion se trouvait de la sorte complexe : en principe, liberté ; en fait, restrictions nombreuses. Aussi, dans son *Traité de droit public français*, paru en 1846, le célèbre professeur Serrigny se trouvait-il fort embarrassé pour déterminer exactement les limites du droit de réunion et il écrivait (t. I, p. 487) :

« Nous venons de voir *que l'article* 291 *du Code pénal et la loi de* « 1834 *ne s'appliquent point aux simples réunions*. Est-ce à dire pour « cela que notre législation reconnaisse aux citoyens le droit de se « réunir sans la permission préalable de l'autorité et sans que l'adminis- « tration ait le pouvoir d'empêcher la réunion ? En d'autres termes, « le droit de simple réunion existe-t-il en principe d'après notre légis- « lation ? Quelles peuvent être sa portée, son étendue ?

« La loi du 13-19 novembre 1790 a déclaré *que les citoyens ont le* « *droit de s'assembler paisiblement,* à la charge d'observer les lois, « et la Constitution de 1791, titre Ier, n° 3, a proclamé comme un droit « garanti par elle la liberté aux citoyens de s'assembler paisiblement « et sans armes, *en satisfaisant aux lois de police*. Là se trouve la pro- « clamation du droit individuel et du droit social. La liberté de s'as- « sembler paisiblement, voilà la part des citoyens ; la faculté de faire « observer les lois de police qui limitent la liberté de s'assembler, « voilà le droit de la puissance sociale. »

Et M. Serrigny ajoutait :

« Cette théorie est bien vague et bien large et ne nous éclaire

« guère sur les limites respectives des deux droits dans leur appli-
« cation. »

En 1847 et au commencement de 1848, l'opposition entreprit la campagne dite des Banquets. Le Gouvernement se fonda sur les lois de police précitées pour interdire ces réunions. Cette mesure motiva des interpellations devant la Chambre et une discussion passionnée s'engagea sur la portée de la loi de 1790.

M. de Malleville, chargé par l'opposition de porter la parole dans ce débat, soutint que non-seulement la loi de 1790 ne permettait pas au pouvoir d'empêcher les réunions publiques accidentelles, mais qu'elle l'obligeait au contraire à les protéger, lorsque l'autorité municipale avait été avertie de l'heure, du lieu et du sujet de ces réunions.

M. Duchâtel, ministre de l'intérieur, soutint énergiquement le droit et même le devoir pour le Gouvernement d'interdire des réunions publiques lorsqu'il les jugeait dangereuses. M. Odilon Barrot répliqua :

« Il y a dans ce débat une question de légalité, question haute, qui
« implique un des droits fondamentaux de la Constitution.... Est-ce
« que vous croyez que nous consentirons à discuter cette question,
« comme s'il s'agissait d'un bal public ou d'un mauvais lieu, placé
« sous l'inspection de la police? Est-ce que vous croyez que nous con-
« sentirons à descendre dans ces bas côtés de la discussion, cette im-
« mense question du droit de réunion des citoyens, quand ils ont à
« pétitionner ou à faire des adresses aux pouvoirs officiels du pays?...
« La loi du 24 août 1790, que M. le ministre de l'intérieur a citée,
« n'autorise pas ce qu'il croit pouvoir être autorisé par la police ; la
« loi de 1790 charge l'autorité municipale de maintenir l'ordre, d'em-
« pêcher le désordre dans les lieux où se font de grands rassemble-
« ments d'hommes, tels que les églises, foires, marchés et autres lieux
« publics. »

Le garde des sceaux, M. Hébert, répondit : « Que M. Odilon Barrot
« s'était mépris sur l'objet et le sens de la loi de 1790 ; que la Consti-
« tution seule de 1791 avait reconnu et déclaré le droit pour tous les
« citoyens de se réunir et de s'assembler pour délibérer à leur gré sur
« les affaires publiques, mais que l'exercice illimité de ce droit ayant
« conduit, au bout de quelques mois, à des abus, à des excès, l'Assem-
« blée constituante, elle-même, en était venue à essayer de lui enlever
« ce qu'il avait de plus important et de plus nuisible en même temps ;
« qu'elle avait conservé ce droit aux citoyens, mais à la condition que

« le compte rendu des délibérations, les discours que l'on prononcerait « dans les sociétés, ne seraient pas publiés dans les journaux ; que « toutes les dispositions fondamentales, garanties par la Constitution « de 1791, avaient pris place en termes équivalents dans la Charte de « 1830, et qu'on n'avait laissé de côté que ce qui était condamné par « l'expérience et par la droite raison ; que si donc des citoyens s'as- « semblaient publiquement, en quelque forme et sous quelque prétexte « que ce fût, pour délibérer sur les affaires publiques, la loi des 16-24 « août 1790 viendrait s'appliquer sans aucun doute et sans aucune « difficulté ; que les réunions publiques, dont la politique était l'objet « avaient un caractère d'autant moins rassurant, qu'elles tendaient à « s'occuper des sujets les plus propres à exciter les hommes réunis, à « pervertir leurs intentions, et à les animer les uns contre les autres ; « qu'enfin, l'arrêté des consuls de l'an VIII et celui de l'an XI, qui or- « ganisèrent à Paris les attributions du préfet de police, lui conféraient « expressément le droit de *prévenir* ou de disperser les rassemble- « ments ou *les réunions publiques* qui pourraient porter atteinte à la « tranquillité et à l'ordre public. »

Les orateurs de l'opposition, notamment Ledru-Rollin, repoussèrent cette théorie. Les faits se précipitaient d'ailleurs et ces discussions ne devaient avoir qu'un caractère théorique.

La République fut proclamée le 24 février. Le Gouvernement provisoire, dans sa proclamation du 19 avril, affirma la liberté du droit de réunion.

Après les journées de Juin, l'Assemblée constituante restreignit cette liberté absolue du droit de réunion. Elle rendit le décret du 28 juillet 1848 qui, bien qu'inspiré par une pensée de restriction, est plus large que la loi de 1868, puisqu'il autorise les réunions *politiques*.

Les dispositions essentielles de cet acte législatif sont comprises dans les articles suivants :

« Art. 1er. — Les citoyens ont le droit de se réunir en se conformant « aux dispositions suivantes :

« Art. 2. — L'ouverture de tout club ou réunion de citoyens sera « précédée d'une déclaration faite par les fondateurs, à Paris à la pré- « fecture de police, et dans les départements au maire de la commune « et au préfet.

« Cette déclaration aura lieu au moins 48 heures avant l'ouverture « de la réunion. Elle indiquera les noms, qualités et domiciles des « fondateurs, le local, les jours et heures des séances. Il sera immé- « diatement donné acte de la déclaration.

« Art. 4. — L'autorité qui aura reçu la déclaration pourra toujours « déléguer, pour assister aux séances des clubs, un fonctionnaire de « l'ordre administratif ou judiciaire. »

Ainsi qu'on le voit par la lecture de ces articles, l'Assemblée constituante autorisait au même titre les clubs et les réunions. Une différence considérable existe cependant entre ces assemblées. Le club est une réunion publique périodique, soit quotidienne, soit bi-hebdomadaire, soit hebdomadaire. Or, une simple déclaration à l'autorité suffisait pour l'ouverture d'un club. La réunion publique est, au contraire, dépourvue du caractère de périodicité : elle est passagère, accidentelle. La loi assimilait l'une à l'autre ces deux assemblées, sauf quelques dispositions particulières au club, telles que la fermeture à une certaine heure, l'interdiction des communications et affiliations de club à club, des députations de commissaires faites par un club.

L'article 11 disposait que les clubs ne pouvaient être fermés que par autorité de justice et comme sanction des infractions commises contre la loi. L'autorité administrative était dépourvue de ce pouvoir.

Toutefois, il est important de remarquer que si le tribunal pouvait prononcer la fermeture d'un club par le même jugement qui prononçait les peines encourues, un jugement n'était pas cependant nécessaire pour statuer isolément sur la fermeture d'un club. Le § 2 de l'article 11 dit en effet : « Dans les cas de délits ou contraventions constatés par un « procès-verbal et ayant donné lieu à un réquisitoire à fin de poursuites, « la *Chambre du Conseil pourra, par une ordonnance spéciale,* rendue « sur les réquisitions du ministère public et le rapport du juge d'ins- « truction, ordonner la fermeture immédiate et provisoire du club ou de « la réunion jusqu'au jugement définitif des délits ou contraventions.

« Cette ordonnance ne sera sujette à aucun recours. »

Quant aux réunions *privées, même politiques*, elles étaient réglementées par les articles 14 et 15 :

« Art. 14. — Les citoyens peuvent fonder, *dans un but non poli- « tique*, des cercles ou réunions non publiques, en faisant préala- « blement connaître à l'autorité municipale le local et l'objet de la « réunion, et les noms des fondateurs, administrateurs et directeurs.

« A défaut de déclaration, ou en cas de fausse déclaration, la réu-
« nion sera fermée immédiatement, et ses membres pourront être
« poursuivis comme ayant fait partie d'une société secrète.

« Art. 15. — Les réunions non publiques, *dont le but sera politique*,
« ne pourront se former qu'avec la permission de l'autorité municipale,
« et aux conditions qu'elle déterminera, sauf recours, en cas de refus,
« à l'autorité supérieure.

« *L'administration pourra toujours révoquer les autorisations ac-*
« *cordées* et faire fermer les réunions qui n'en seraient pas pourvues.»

En résumé, le décret du 28 juillet 1848 considérait trois catégories de réunions :

1° Les réunions *publiques* — politiques ou non (art. 2) ; — il se bornait à exiger la déclaration préalable ; de plus, la fermeture ne pouvait être prononcée que par l'autorité judiciaire ;

2° Les réunions *privées non politiques* (art. 14) ; — il exigeait une déclaration du local à l'autorité municipale avec dépôt de la liste des fondateurs. L'autorité administrative avait le droit de fermer la réunion en cas de fausse déclaration et les membres pouvaient être poursuivis comme faisant partie d'une société secrète ;

3° Les réunions *privées politiques* (art. 15), pour lesquelles l'autorisation administrative était exigée et qui pouvaient être fermées par l'administration.

Le décret du 28 juillet 1848 restait muet sur le droit d'association. Le silence de la législation ne fut pas de longue durée. En effet, la Constitution du 4 novembre 1848 proclama *la liberté d'association* au même titre que la liberté de réunion. La Constitution disait expressément :

« Art. 8. — Les citoyens *ont le droit de s'associer*, de s'assembler
« paisiblement et sans armes, de pétitionner, de manifester leurs pen-
« sées par la voie de la presse ou autrement.

« L'exercice de ces droits n'a pour limites que les droits ou la liberté
« d'autrui et la sécurité publique. »

Mais on admit que le décret du 28 juillet pouvait être considéré comme la loi organique faite par anticipation conformément à l'esprit de l'article 8 de la Constitution et ce décret resta en vigueur. Toutefois, remarquons bien que la liberté d'association est contenue dans la Constitution et non dans le décret. C'est donc un élément nouveau qu'il ne faut pas perdre de vue, car il complète la législation puisqu'il implique l'abrogation de l'article 291 du Code pénal.

Sous l'Assemblée législative, les clubs furent interdits d'abord pour un an (loi du 22 juin 1849), puis pour deux autres années (loi du 6 juin 1850).

Enfin, le décret-loi du 25 mars 1852 abrogea celui du 28 juillet 1848 dont il laissa toutefois subsister l'article 13 relatif aux sociétés secrètes. Ce décret déclara, en outre, les articles 291, 292, 293 et 294 du Code pénal, ainsi que les articles 1, 2 et 3 de la loi du 10 avril 1834 applicables aux réunions publiques de quelque nature qu'elles fussent. Toutes les réunions de plus de 20 personnes se trouvèrent, dès lors, comme les associations, soumises au principe de l'autorisation préalable.

En définitive, on revenait à la législation du premier Empire. D'un seul coup on rétrogradait de près d'un demi-siècle.

III.

Cette étude n'étant point politique, il ne nous appartient pas de rappeler par suite de quels événements, un réveil se produisit dans le pays à partir de 1863. Le 19 janvier 1867, l'Empereur écrivit au ministre d'État une lettre demeurée célèbre et qui se terminait par ces mots : « Il est également nécessaire de régler administrativement le « droit de réunion, en le contenant dans les limites qu'exige la sûreté « publique. »

Dix mois plus tard, le 18 novembre 1867, en ouvrant la session législative de 1868, l'Empereur annonçait que les lois libérales promises allaient être présentées au Corps législatif et au Sénat. C'est en exécution de ces promesses que fut déposé au Corps législatif, vers la fin de 1867, le projet de loi sur les réunions publiques. En voici les principales dispositions :

Substitution de la déclaration préalable, faite par sept personnes domiciliées dans la commune, à l'autorisation administrative, pour les réunions *où ne doivent être traités aucuns sujets politiques ou religieux* et pour les réunions *électorales politiques* ; — *maintien de l'autorisation* pour les réunions politiques et religieuses qui n'ont point un caractère électoral;

Responsabilité des déclarants, du propriétaire du local, des organisateurs et des membres du bureau, chacun en ce qui le concerne;

Faculté à un fonctionnaire de l'ordre administratif ou judiciaire d'assister à la séance et de dissoudre la réunion s'il juge qu'elle devient tumultueuse.

Puis la loi se terminait par un article ainsi conçu :

« Art. 13. — Le préfet de police, à Paris, les préfets, dans les dé-« partements, peuvent *ajourner* toute réunion qui leur paraît de na-« ture à troubler l'ordre ou à compromettre la sécurité publique.

« *L'interdiction de la réunion* peut être prononcée par le ministre « de l'intérieur. »

Cette faculté laissée à l'autorité supérieure d'ajourner d'abord, puis d'interdire la réunion, fut considérée comme restreignant singulièrement la liberté qu'accordait l'article 1er de tenir une assemblée sous la seule condition d'une déclaration préalable. De plus, la nécessité de l'autorisation pour les réunions politiques enlevait à la loi le caractère que la lettre impériale semblait promettre. S'il fallait la permission de l'autorité pour tenir une réunion politique ; si, d'autre part, l'administration conservait le droit d'interdire les réunions non politiques, quel progrès avait donc été accompli dans la voie libérale? Aussi, un commentateur de la loi des 6-10 juin 1868, commentateur favorable, a-t-il pu écrire : « L'article 13 est la démolition théorique de l'article 1er. « La contradiction est saillante, et l'un à côté de l'autre, ces deux « articles n'eussent pas été tolérables[1]. »

La loi, qui interdisait de traiter dans les réunions de matières politiques, subordonnait-elle aussi à l'autorisation administrative les réunions où devaient être traitées des matières *d'économie sociale?* Le projet primitif du Gouvernement allait jusque-là ; mais, d'accord avec les ministres, la commission supprima les mots : « économie sociale », dans la crainte de rendre à peu près impossibles les réunions d'ouvriers ; les coalitions et les sociétés coopératives, auxquelles la loi avait précisément pour objet principal d'accorder des facilités, soulevant nécessairement des questions d'économie sociale, telles que celle du rapport du capital avec le travail et celle du partage des bénéfices.

La loi de 1868 a nettement distingué les réunions des associations. Le rapport de M. Peyrusse contient en effet une déclaration formelle à cet égard : « Ce projet n'a pour but de modifier ni les prescriptions « des articles 291-294 du Code pénal, ni celles de la loi du 10 avril

---

1. Henri Ameline, *Revue pratique de droit français*, 1868, p. 60.

« 1834, qui atteignent les associations illicites. Il ne s'applique qu'aux « réunions publiques se produisant à l'état de fait accidentel et tem- « poraire, sans les caractères de permanence et d'organisation qui « constituent une association. Les sociétés de toute nature, ainsi que « les réunions qui, en se perpétuant ou en s'affiliant à d'autres, se « transformeraient en véritables associations, resteront soumises, comme « par le passé, à la législation actuelle et seront tenues de se confor- « mer à ses dispositions. »

IV.

En 1876, deux propositions de loi furent présentées à la Chambre. L'une, de M. Louis Legrand, en vue d'une réglementation nouvelle du droit de réunion, l'autre, par M. Alfred Naquet : celle-ci visait à la fois le droit de réunion et d'association.

La proposition de M. Louis Legrand avait été prise en considération et renvoyée à l'étude d'une commission spéciale. Celle de M. Naquet le fut ensuite et fut renvoyée à la même commission.

Il en résultait qu'une commission, chargée d'élaborer une loi sur le droit de réunion, se trouvait, par ricochet, chargée d'en élaborer une sur le droit d'association, sans que cette importante question des associations eût passé par les bureaux. D'accord avec ses cosignataires, M. Naquet demanda alors que la Chambre voulût bien consentir à disjoindre les deux éléments de sa proposition, laissant à la commission déjà investie, à juger ce qui se rapportait au droit de réunion, et chargeant une commission nouvelle de faire un rapport sur la liberté d'association.

La Chambre fit droit à cette demande et la nouvelle commission fut nommée; mais l'une et l'autre tombèrent avec la dissolution de la Chambre des députés, le 25 juin 1877.

Après la réélection de la Chambre dissoute, ces importantes questions furent reprises.

Nous ne dirons rien des propositions qui furent présentées en mai et juin 1878 par M. Alfred Naquet et par M. Louis Blanc, non qu'elles ne soient dignes de la plus grande attention, mais parce que nous avons hâte d'arriver au projet de loi présenté par le Gouvernement sur cette matière où l'initiative parlementaire s'était donné carrière.

Le 11 décembre 1879, M. Lepère, ministre de l'intérieur et des cultes, déposa un projet de loi, sur lequel la discussion s'ouvrit bientôt. Il avait pour titre : « Projet de loi sur *la liberté* de réunion. » Dans un exposé des motifs très-bref et très-précis, le ministre résumait les dispositions essentielles de la loi et indiquait l'esprit dans lequel elles avaient été rédigées. Nous donnons en entier cet exposé des motifs, dont la lecture est indispensable pour bien comprendre le texte même de la loi.

« Du jour où le suffrage universel a rendu la France à elle-même et « rétabli dans sa vérité le régime républicain, bon nombre de repré- « sentants du suffrage universel et de mandataires du pays ont cru « nécessaire de faire disparaître les entraves que des lois d'exception « avaient mises au droit naturel qu'ont les citoyens de se réunir pour « discuter et se concerter sur leurs intérêts communs.

« Trois propositions de loi vous ont été présentées par plusieurs de « vos collègues, et vous les avez renvoyées à l'examen d'une commis- « sion dont le rapport vous a été récemment distribué.

« Le Gouvernement a étudié avec soin les dispositions émanées de « l'initiative parlementaire qui étaient soumises à votre adoption et, « après s'être mis en rapport avec votre commission, il vient à son « tour vous présenter un projet de loi qui lui paraît concilier les « droits des citoyens avec les exigences de l'ordre public, dont il est le « gardien.

« La loi des 6-10 juin 1868 avait contenu la liberté de réunion dans « des limites arbitraires et étroites. La loi que vous propose le Gou- « vernement de la République n'a d'autre objet que de garantir la « liberté de tous en assurant la sécurité de tous.

« Le droit de réunion dans toute son étendue est reconnu. L'autori- « sation préalable est supprimée, quelles que soient les matières qui « puissent être discutées dans les réunions légalement organisées. L'o- « bligation de se renfermer dans un local clos et couvert, pour confé- « rer à quelques-uns ou pour s'assembler par milliers, cette obligation « disparaît. Mais il était indispensable, en raison même de la suppres- « sion de toute barrière, d'assurer la liberté de la circulation et la « paix de la place publique et, puisque les initiatives demeuraient en- « tières, de déterminer les responsabilités.

« C'est cette pensée qui a dicté les articles 2, 3, 4, 5 et 6 de la loi. « La déclaration exigée ne sera pas seulement une garantie donnée à

« la sûreté générale; elle sera aussi une mise en demeure pour l'autorité « et, à ce double point de vue, elle permettra de faire la part des de« voirs réciproques de l'administration et des administrés.

« Les délais sont rendus aussi courts que possible et les formalités « se réduisent au strict nécessaire. Au lieu des sept personnes domici« liées dans la commune qu'exigeait pour toute déclaration la loi de « 1868, deux personnes (dont une domiciliée dans la commune) suffi« ront pour que la réunion s'ouvre à tous. Chaque fois qu'il s'agit de « mettre en contact un mandataire du suffrage avec ses commettants, « les facultés deviennent plus larges, et on pourrait dire qu'il n'y a « presque plus de conditions à cet acte naturel de la vie publique.

« Il importait néanmoins de ne point désarmer l'autorité contre des « agitations ou des violences que, par exception, le bon sens populaire « serait impuissant à prévenir ou à dompter.

« C'est ainsi que, lorsque des troubles imminents menacent la tran« quillité de la rue, il n'est pas possible de laisser créer des foyers « d'agitation qui ajouteraient à la surexcitation des esprits. Enfin, les « réunions périodiques, connues sous le nom de *clubs*, sont dans tous « les cas interdites. Voilà ce que, dans l'intérêt même du légitime « exercice du droit de réunion, il a paru bon au Gouvernement d'em« pêcher; c'est le but des articles 7 et 10 du projet de loi dont la te« neur suit. »

Renvoyé à l'examen d'une commission dont plusieurs membres, notamment MM. Louis Blanc, Marcou, Martin Nadaud, Cantagrel et Naquet, inclinaient vers la liberté absolue du droit de réunion, le projet du Gouvernement fut une première fois modifié. Mais l'accord ne put s'établir sur certains points et la discussion publique s'ouvrit sur deux projets parallèles : le projet du Gouvernement, modifié, et le projet de la commission. La lecture comparée de ces deux projets est le meilleur commentaire des divergences qui divisaient le Gouvernement et la majorité de la commission.

PROJET DU GOUVERNEMENT (MODIFIÉ)	PROJET DE LA COMMISSION
Art. 1er.	Art. 1er.
Les réunions publiques peuvent avoir lieu sans autorisation préalable	Comme au projet du Gouvernement.

PROJET DU GOUVERNEMENT.	PROJET DE LA COMMISSION.
sous les conditions prescrites par les articles suivants :	
Art. 2.	Art. 2.
Toute réunion publique sera précédée d'une déclaration indiquant le *lieu,* le jour, l'heure de la réunion. Cette déclaration sera signée par deux personnes au moins, dont l'une domiciliée dans la commune où la réunion doit avoir lieu.	Comme au projet du Gouvernement.
Les déclarants devront jouir de leurs droits civils et politiques, et la déclaration indiquera leurs noms, qualités et domiciles.	Comme au projet du Gouvernement.
Les déclarations sont faites : à Paris, au préfet de police; dans les chefs-lieux de départements, au préfet; dans les chefs-lieux d'arrondissements, au sous-préfet, et dans les autres communes, au maire.	Comme au projet du Gouvernement.
Il sera donné immédiatement récépissé de la déclaration.	Comme au projet du Gouvernement.
Dans le cas où le déclarant n'aurait pu obtenir de récépissé, il suffira qu'il fasse constater l'empêchement ou le refus par notification extrajudiciaire. Cette notification tiendra lieu de récépissé.	Dans le cas où le déclarant n'aurait pu obtenir de récépissé, il suffira qu'il fasse constater l'empêchement ou le refus par notification extrajudiciaire ou par une attestation signée de deux témoins domiciliés dans le département; cette notification ou cette attestation tiendra lieu de récépissé.
La réunion ne peut avoir lieu que quarante-huit heures au moins après la délivrance du récépissé ou de l'acte qui en tient lieu.	La réunion ne peut avoir lieu que quarante-huit heures au moins après la délivrance du récépissé *ou de la pièce qui en tient lieu.*
Art. 3.	Art. 3.
Le délai pour la déclaration sera réduit à *deux heures* avant la réunion :	Comme au projet du Gouvernement.
1° Lorsqu'elle aura pour but le choix ou l'audition de candidats à des fonctions publiques électives et si elle est tenue dans la période comprise entre le décret ou l'arrêté portant convoca-	

PROJET DU GOUVERNEMENT.

tion du collége électoral et le jour de l'élection exclusivement.

Toutefois, des réunions pourront avoir lieu le jour même du vote s'il s'agit d'élections comportant plusieurs tours de scrutin dans la même journée.

2° Si elle est organisée par un sénateur, un député, un conseiller général ou un conseiller d'arrondissement, dans les limites de la circonscription qui l'a élu.

PROJET DE LA COMMISSION.

Comme au projet du Gouvernement.

Comme au projet du Gouvernement.

PROJET DU GOUVERNEMENT.

Art. 4.

Les organisateurs d'une réunion publique devront, dans leur déclaration et leurs annonces, en préciser l'objet et le caractère.

Les réunions restreintes à certaines catégories de personnes pourront être l'objet de la déclaration prévue à l'article 2 et seront soumises, dans ce cas, aux conditions générales de la présente loi.

PROJET DE LA COMMISSION.

Art. 4.

Les organisateurs d'une réunion publique doivent, dans leur déclaration, indiquer s'il s'agit d'une conférence faite par un ou plusieurs orateurs déterminés, d'une réunion ordinaire de discussion, d'une réunion électorale ou d'une réunion restreinte à une catégorie d'assistants.

PROJET DU GOUVERNEMENT.

Art. 5.

Lorsque la réunion aura pour but *le choix* ou l'audition de candidats à des fonctions publiques électives, ne pourront y assister que les électeurs de la circonscription, les candidats, *les Membres des deux Chambres et le mandataire de chacun des candidats, si ceux-ci n'assistent pas en personne à la réunion.*

PROJET DE LA COMMISSION.

Art. 5.

Comme au projet du Gouvernement.

PROJET DU GOUVERNEMENT.

Art. 6.

Les réunions ne peuvent être tenues sur la voie publique; elles ne pourront se prolonger au delà de l'heure fixée pour la fermeture des lieux publics.

PROJET DE LA COMMISSION.

Art. 6.

Comme au projet du Gouvernement.

PROJET DU GOUVERNEMENT.

Art. 7.

Toutes réunions publiques périodi-

PROJET DE LA COMMISSION.

Art. 7.

Comme au projet du Gouvernement.

PROJET DU GOUVERNEMENT.

ques dans le but de traiter de matières politiques sont interdites.

Toutefois, cette interdiction ne s'applique pas aux conférences.

Art. 8.

Chaque réunion doit avoir un bureau composé de trois personnes au moins. Le bureau est chargé de maintenir l'ordre ; d'empêcher toute infraction aux lois; *de limiter la discussion à l'examen du sujet signalé dans la déclaration;* d'interdire tout discours contraire à l'ordre public et aux bonnes mœurs ou tendant à provoquer un acte déclaré crime ou délit par la loi.

Les signataires de la déclaration désigneront, soit parmi eux, soit parmi les assistants, les membres du bureau, à moins qu'ils ne préfèrent que le bureau soit élu par l'assemblée.

Dans tous les cas, les membres du bureau et, *jusqu'à la formation du bureau,* les signataires de la déclaration seront toujours responsables des infractions aux prescriptions des articles 6, 7 et 8 de la présente loi. Toutefois, la responsabilité du bureau ne commencera qu'après les avertissements du fonctionnaire assistant à la réunion aux termes de l'article suivant.

Art. 9.

Un fonctionnaire de l'ordre administratif ou judiciaire *pourra être* délégué pour assister à la réunion, à Paris, par le préfet de police, et, dans les départements, par le préfet ou le maire, suivant les cas prévus à l'article 2.

Il choisira sa place et devra être revêtu de ses insignes.

PROJET DE LA COMMISSION.

Art. 8.

Chaque réunion doit avoir un bureau composé de trois personnes au moins. Le bureau est chargé de maintenir l'ordre ; d'empêcher toute infraction aux lois; *de maintenir à la réunion le caractère qui lui a été donné par la déclaration, conformément à l'article 4 ci-dessus;* d'interdire tout discours contraire à l'ordre public et aux bonnes mœurs ou tendant à provoquer un acte déclaré crime ou délit par la loi.

Comme au projet du Gouvernement.

Comme au projet du Gouvernement.

Art. 9.

Comme au projet du Gouvernement.

Comme au projet du Gouvernement.

PROJET DU GOUVERNEMENT.

Il est autorisé à prononcer la dissolution de la réunion :

1° Si le bureau, après trois avertissements, laisse mettre en discussion des questions étrangères au sujet indiqué dans la déclaration, ou maintient la parole à qui commettrait un délit prévu par les lois ;

2° Si la réunion méconnaît l'autorité du président, ou si elle devient tumultueuse, sans préjudice du droit qui lui appartient de dresser procès-verbal de toute contravention aux lois.

Art. 10.

En cas de troubles imminents, les préfet de police, préfets et sous-préfets pourront ajourner les réunions publiques, à la charge par eux d'en référer immédiatement au ministre de l'intérieur.

Art. 11.

Toute infraction aux articles 2, 3, 4, 5, 6, 7, 8, 9 et 10 sera punie d'une amende de 100 à 500 fr. et d'un emprisonnement de 15 jours à 2 mois, ou de l'une de ces deux peines, suivant le cas, sans préjudice des poursuites pour crimes et délits qui pourraient être commis dans les réunions.

PROJET DE LA COMMISSION.

Comme au projet du Gouvernement.

Repoussé par la Commission.

Si la réunion méconnaît l'autorité du président..... Le reste, comme au projet du Gouvernement.

Art 10.

Repoussé par la Commission.

Art. 11.

Toute infraction aux articles 2, 3, 4, 5, 6, 7, 8 et 9. — Le reste comme au projet du Gouvernement.

Le refus par les agents de l'autorité désignés en l'article 2 de recevoir la déclaration de réunion publique qui leur est présentée, ou d'en délivrer immédiatement récépissé, constitue pour ces agents un délit puni d'une amende de 16 fr. à 500 fr., et d'un emprisonnement de 1 mois à 6 mois. La poursuite pourra avoir lieu, soit sur la requête du ministère public, soit sur la plainte des parties lésées.

PROJET DU GOUVERNEMENT.

Art. 12.

L'article 463 du Code pénal est applicable aux délits et contraventions prévues par la présente loi. L'action publique et l'action privée se prescrivent par six mois.

Art. 13.

La loi du 28 juillet 1848, le décret du 25 mars 1852, la loi des 6-10 juin 1868 sont abrogés dans toutes leurs dispositions *contraires à la présente loi*, notamment dans le paragraphe 2 de l'article 1er de la loi des 6-10 juin 1868 et le paragraphe 1er de l'article 3 de la même loi.

PROJET DE LA COMMISSION.

Art. 12.

Comme au projet du Gouvernement.

Art. 13.

Le décret du 28 juillet 1848, le décret du 25 mars 1852, la loi des 6-10 juin 1868 sont abrogés dans toutes celles de leurs dispositions *qui concernent le droit de réunion*, notamment dans le paragraphe 2 de l'article 1er de la loi des 6-10 juin 1868 et dans le paragraphe 1er de l'article 3 de la même loi.

La discussion publique, commencée à la séance du 26 janvier, s'est continuée les 27 et 29. La lecture en est des plus intéressantes et le débat a atteint, à certains moments, une véritable élévation. Nous n'avons pas à faire ressortir les arguments de détail donnés pour ou contre par les divers orateurs. Dans cette brève étude, nous indiquerons seulement les dissentiments principaux entre le Gouvernement et la commission, avec la solution que le vote leur a donnée.

Le premier désaccord réel entre le Gouvernement et la commission s'est élevé au sujet de la rédaction de l'article 4. La commission critiquait les mots « préciser le caractère d'une réunion » comme trop vagues. La rédaction de l'article 4 telle qu'elle la proposait, mise aux voix dans la séance du 27 janvier, a été votée par 302 voix contre 162.

Sur l'article 5, la rédaction du Gouvernement, jusqu'au mot « candidats » inclusivement, était acceptée sans contestation par tout le monde. En séance publique, M. Gatineau développa un amendement tendant à la suppression des mots : « si ceux-ci (les candidats) n'assistent pas en personne à la réunion ». Cet amendement, accepté par le Gouvernement et par la commission, a été adopté.

L'article 7 donna lieu à un intéressant débat. Cet article prohibe les réunions publiques politiques quand elles sont périodiques, c'est-à-dire les clubs. M. Georges Périn demanda la suppression de cet article.

M. Lepère, ministre de l'intérieur, s'éleva énergiquement contre cette demande. « Nous avons laissé toute espèce de liberté, dit le ministre, « nous persévérerons aussi longtemps que nous aurons la charge du « Gouvernement dans cette même pratique de libéralisme complet. « Mais nous ne voulons pas cependant que ce Gouvernement soit com- « plétement et absolument désarmé. Nous sommes, en ce moment, « sans doute, en République; nous y resterons toujours, je l'espère ; je « crois, quant à moi, que la République est très-solidement établie, mais « ce n'est pas une raison pour laisser toute carrière à quelques agita- « teurs auxquels il plairait de venir troubler la tranquillité publique. »

Et le ministre ajoutait : « Je vous demande, Messieurs, de ne pas « écarter les garanties que le Gouvernement croit nécessaires pour « maintenir l'ordre et la sécurité publique. Non pas que je craigne le « renversement, la destruction de la République, mais je crains que « nos ennemis ne s'attachent à produire et ne trouvent, dans la sup- « pression de ces garanties, le moyen de soulever de perpétuelles agi- « tations qui puissent avoir de fâcheux contre-coups dans le pays.

« C'est pour cela que, proclamant volontiers comme l'idéal auquel « il faut tendre cette liberté plénière que réclame l'honorable M. Périn, « que demandait hier M. Louis Blanc, je crois qu'en vous contentant « de voter un projet de loi animé d'un véritable esprit de liberté et « dont les dispositions constituent un si notable progrès sur les lois « antérieures, vous ferez acte de bonne politique, de politique tout à « la fois libérale et prudente. »

Ces sages paroles ont été entendues par la Chambre. Toutefois, il importe de dire que la rédaction primitive de l'article 7 n'a pas été maintenue. La Chambre l'a trouvée équivoque et prêtant à des interprétations abusives. Aussi, le Gouvernement, après avoir consenti à un renvoi à la commission, dans la séance du 27, proposa-t-il une rédaction beaucoup plus claire et qui spécifiait bien mieux la pensée exprimée par le ministre de l'intérieur. Cette rédaction est la suivante : « Les clubs demeurent interdits. » C'est sous cette forme que l'article 7 a été voté à la séance du 29 janvier par 257 voix contre 180.

Sur l'article 8, la différence entre la rédaction du Gouvernement et celle de la commission donna lieu à un très-court débat, M. Lepère ayant accepté la modification introduite par la commission dans le premier paragraphe.

Le dissentiment le plus grave qui se soit produit au cours du débat porta sur l'article 10, qui donnait, « en cas de troubles imminents », la faculté aux préfets et sous-préfets d'ajourner les réunions publiques, à la charge par eux d'en référer immédiatement au ministre de l'intérieur. M. Naquet combattit vivement cet article en reproduisant les critiques que M. Jules Simon avaient formulées contre l'article 13 de la loi de 1868. Les mots « troubles imminents » paraissaient trop vagues au rapporteur et on craignait qu'ils ne favorisassent, par leur élasticité, l'arbitraire administratif.

M. le ministre de l'intérieur dissipa ces appréhensions en définissant ce que le Gouvernement entendait par cette expression : « Ces mots « troubles imminents », au pluriel, ces mots veulent dire « troubles « qui vont être organisés dans une insurrection qui est sur le point « d'éclater ». Ce sont là des termes, je ne dis pas absolument précis, « mais cependant bien significatifs. Ils désignent cette situation parti- « culière où déjà une grande surexcitation agite les populations, où « des réunions organisées, en vue peut-être de pousser cette surexci- « tation aux dernières limites, peuvent devenir de multiples foyers « d'insurrection et où dans chaque salle où les citoyens seront conviés « à s'assembler, s'opère le recrutement, l'entraînement des volontaires « de l'émeute qui est sur le point d'éclater.

« Tel est le sens de notre article ; voilà comment et dans quelles « conditions nous entendons que le Gouvernement puisse user du droit « que nous vous demandons de lui conférer. »

Le ministre complétait son argumentation par un exemple :

« Et tenez, Messieurs, supposez au sein de la population parisienne, « par exemple, un état des esprits tel qu'il était à la veille du 24 juin « 1848, un état de surexcitation extrême. Supposez que dans cette « situation on vienne apporter à l'autorité, qui connaît cet état des « esprits, cinquante déclarations de réunions devant se tenir sur des « points divers, réunions organisées par des agitateurs spéculant sur « la surexcitation même de la population ; et dites-moi si vous ne « trouvez pas qu'il y ait là un danger très-grand, très-considérable, un « trouble imminent, un grand péril public, et si vous pensez que le « Gouvernement, en face de ces déclarations multipliées de réunions, ne « doit pas être armé de telle façon qu'il lui soit possible de ne pas rester « impuissant en face d'une sédition s'organisant sous ses yeux et de ces « régiments de l'émeute, si je puis dire, se formant sur divers points « de la cité pour se rendre tous au quartier général de l'insurrection.

« Il me semble que, par cet exemple, j'ai bien caractérisé quelle est, « dans notre pensée, la signification de ces mots « troubles imminents ».

Afin de ne laisser aucun doute dans les esprits, le ministre ajoutait une restriction des plus importantes :

« Vous savez, d'autre part, Messieurs, qu'*il ne peut s'agir en aucune* « *façon d'une réunion électorale* ; il ne peut s'agir que d'une réunion « où de certains sujets politiques seraient traités, d'une réunion isolée. « Pouvez-vous mettre alors, en semblable circonstance, l'intérêt de « l'organisation de cette réunion en balance avec le grand danger pu- « blic que je vous ai signalé tout à l'heure? »

Ces sages adjurations ont été entendues et, dans la séance du 29 janvier, la Chambre a voté l'article 10 tel que le proposait le Gouvernement.

Les articles 11, 12 et 13 n'ont donné lieu à aucune divergence sérieuse. L'article 11 a été complété par un amendement de M. Gastineau ainsi conçu : « Toute infraction aux dispositions de la présente loi sera punie des peines de simple police, sans préjudice, etc., etc. »

Quant à la disposition additionnelle que la commission proposait d'ajouter au même article 11, elle a été repoussée par la Chambre. D'autre part, le Gouvernement a accepté la rédaction de l'article 13 proposée par la commission.

Tel est, dans son ensemble, le projet de loi sur lequel le Sénat aura prochainement à se prononcer. On doit espérer qu'il ne changera rien à ses dispositions principales. On ne saurait méconnaître le progrès très-réel accompli depuis 1868. De plus en plus, nous nous rapprochons du grand principe posé en 1790, à savoir que le droit de réunion est un droit naturel. L'intérêt supérieur de la société commande que ce droit soit limité sans être cependant entravé dans son développement. Le projet actuel paraît répondre à cet intérêt tout en laissant le champ très-vaste à l'initiative de chaque citoyen. Aussi peut-on dire que l'esprit qui l'a inspiré est celui de la liberté telle que l'a définie Montesquieu : La faculté pour chacun de développer ses droits naturels dans la vie sociale jusqu'au point précis où ils heurteraient et gêneraient les droits d'autrui.

Nancy, imprimerie Berger-Levrault et Cie.

Nancy, impr. Berger-Levrault et Cie.

www.ingramcontent.com/pod-product-compliance
Ingram Content Group UK Ltd.
Pitfield, Milton Keynes, MK11 3LW, UK
UKHW021208230726
13926UKWH00001B/379